BIBLIOTHÈQUE ORIENTALE ELZÉVIRIENNE

LXXV

LA PHILOSOPHIE MUSULMANE

ANGERS, IMPRIMERIE ORIENTALE DE A. BURDIN ET Cⁱᵉ

LA
PHILOSOPHIE
MUSULMANE

—▸★◂—

LEÇON D'OUVERTURE D'UN COURS PUBLIC

SUR « LE ROMAN PHILOSOPHIQUE D'IBN THOFAÏL »

FAITE LE 16 NOVEMBRE 1899

PAR

LÉON GAUTHIER

Chargé de cours à la Chaire de philosophie de l'École supérieure
des Lettres d'Alger.

————◂●●▸————

PARIS

ERNEST LEROUX, ÉDITEUR

28, RUE BONAPARTE, 28

—

1900

Au moment d'inaugurer, en cette École des Lettres d'Alger, un cours sur « Le roman philosophique d'Ibn Thofaïl », je ne puis me défendre d'un sentiment d'inquiétude en songeant aux difficultés particulières de la tâche que j'entreprends. C'est la première fois qu'en terre française l'histoire de la philosophie musulmane est publiquement professée. Pour cet ordre d'enseignement les traditions manquent, un public d'auditeurs est à créer, et le professeur, qui cherche sa voie, reste livré à ses seules inspirations. S'il est embarrassé pour enseigner, il ne l'est pas

moins pour apprendre : les instruments de
de travail font défaut. Depuis l'*Essai sur les
Écoles philosophiques chez les Arabes*, de Schmölders, qui date de 1842, la thèse de Renan sur
Averroès et l'averroïsme soutenue en 1852, les
Mélanges de philosophie juive et arabe, de Munk,
imprimés en 1859, le livre qu'a publié Dugat, en 1878, sur les *Philosophes et théologiens
musulmans*, et qui s'arrête à la chute du Khalifat d'Orient, quel ouvrage de fond d'une
certaine étendue a-t-on vu paraître en
France, qui soit relatif à la philosophie musulmane? A l'étranger, j'éprouve quelque
honte à l'avouer, en Allemagne, en Hollande,
en Danemark, en Angleterre, on néglige un
peu moins que chez nous cette branche de
l'histoire de la philosophie universelle. Et
pourtant les ouvrages qui lui sont consacrés
chez nos voisins d'outre-Manche et d'outre-
Rhin ne forment pas une bien longue liste.
Les traductions de philosophes musulmans
dans une langue européenne sont peu nom-

breuses. Les textes imprimés sont rares ; les éditions critiques font à peu près défaut. Des manuscrits arabes disséminés dans les bibliothèques de l'Europe, de l'Inde et du Caire, souvent de simples traductions, hébraïques ou latines, dont l'original arabe a disparu, voilà le plus clair des ressources dont on dispose pour faire l'histoire de la philosophie musulmane.

Cependant, malgré ces difficultés d'ordres divers, je ne laisse pas de reprendre confiance quand je considère l'intérêt que peut présenter cet enseignement nouveau, les travaux qu'il peut susciter, et les clartés qu'il peut répandre, d'une part sur les études orientales, de l'autre sur l'histoire de la philosophie européenne.

Ce n'est pas de la part des orientalistes que, sur ce point, j'aurais à craindre un démenti. Sans parler de la littérature arabe, imprégnée plus qu'aucune autre, depuis le prophète Mohammed, d'idées religieuses et

par conséquent métaphysiques ou morales,
que d'énigmes philosophiques les historiens
de l'islam rencontrent à chaque pas ! énigmes
irritantes pour leur curiosité, et dont une
histoire approfondie de la philosophie musulmane pourrait seule leur donner la clef !
Que doivent-ils penser par exemple des Is-
maéliens, des Karmathes, des Assassins ou
« mangeurs de hachich », de toutes ces
sectes religieuses dont les fureurs, pendant
des siècles, ensanglantèrent l'islam, et dont
les témoignages contemporains, avec une
déconcertante unanimité, s'accordent à nous
dépeindre en même temps le fanatisme ef-
fréné et l'incrédulité absolue ? Comment pénétrer l'état d'âme des partisans d'un Babek,
d'un Halladj, d'un Hakem, de tant d'étranges
énergumènes dont le cas paraîtrait relever
des annales de l'aliénation mentale si nous
ne les rencontrions à chaque page de l'histoire musulmane, sous le nom de *mahdi* ou
même d'*incarnation divine*, déchaînant des

révolutions inattendues, ébranlant les trônes les mieux assis, fondant des dynasties, entraînant partout des peuples à leur suite ? La solution de ces énigmes s'impose si impérieusement aux historiens que plus d'un s'est improvisé philosophe pour essayer de soulever un coin du voile. Nous devons à ces tentatives isolées divers travaux estimables. Mais il y a là de la besogne assurée pour plusieurs générations de spécialistes, j'entends d'arabisants philosophes. Ils prépareront les voies à quelque génie synthétique et transcendant qui viendra sans doute à son heure, saura coordonner toutes ces singulières doctrines, les expliquer l'une par l'autre, les rattacher à celles des philosophes proprement dits, et jeter enfin sur cette partie de la philosophie musulmane la lumière qu'un Édouard Zeller a pu, de nos jours seulement, répandre par exemple sur la philosophie grecque anté-socratique. Alors, sans aucun doute, l'histoire des peuples musulmans s'éclairera d'un jour

nouveau. Les historiens n'en peuvent douter ; car ils le savent bien : c'est dans sa philosophie qu'un peuple ou une époque trouve
son expression la plus significative et la plus
parfaite.

« C'est plutôt de la part des philosophes,
ai-je entendu dire parfois, qu'il y aurait lieu
de craindre pour les études de philosophie
musulmane l'indifférence et le dédain. Il faut,
poursuit-on, compter avec les habitudes
prises. C'en est une bien établie, chez nos
philosophes universitaires, de ne connaître,
en fait d'histoire de la philosophie, que deux
périodes : la philosophie gréco-latine d'une
part, de l'autre la philosophie moderne, et
de sauter à pieds-joints par-dessus tout le
moyen-âge. Voyez plutôt la part faite à la
philosophie scolastique dans les programmes
du baccalauréat ou de la licence ; demandez
aux candidats à l'agrégation s'il y a chance
de voir donner par le jury un sujet de disser-
tation sur Albert-le-Grand ou sur saint

Thomas. Et il ne s'agit ici que de la scolastique européenne. Que dire du moyen-âge
musulman, c'est-à-dire de toute la philosophie musulmane! Existe-il, d'abord, une
philosophie musulmane? Ritter dit oui, mais
Renan dit non. Et puisque, à moins d'apprendre l'arabe, peut-être même l'hébreu, ce
qui est un peu long, nos philosophes doivent
renoncer pour l'instant, vu la pénurie de traductions, à se faire une opinion personnelle,
peut-on supposer qu'ils mettront en balance
l'autorité de Ritter qui est démodé, et qui ne
savait pas l'arabe, avec celle de Renan qui le
savait, qui savait aussi l'hébreu, et qui a écrit
l'*Histoire générale des langues sémitiques?* »

Ces craintes, j'ai hâte de le dire, me pa-
raissent dénuées de fondement. Si les programmes universitaires font au moyen-âge
européen, non sans raison peut-être, une
part des plus exiguës, en revanche on pourrait citer plusieurs ouvrages récents, des
thèses de doctorat, des articles de revue, con-

sacrés à la philosophie scolastique. Sans doute nous les souhaiterions plus nombreux. Mais c'est seulement depuis Victor Cousin qu'on s'est mis en France à étudier avec ardeur, selon les règles d'une saine critique, les monuments de la philosophie antique et moderne. On est allé au plus pressé. On s'est jeté d'abord sur les sujets d'étude les plus intéressants, les plus importants, les moins ardus. On a quelque peu négligé, c'est certain, le « fatras » de la scolastique latine, et plus encore celui de la scolastique arabe. Mais comment nous en étonner quand l'édition définitive des œuvres d'un Leibniz ne date que d'hier; quand nous en sommes encore à déplorer l'absence d'une pareille édition des œuvres de notre grand Descartes [1]! Cette négligence des monuments de la philosophie

---

1. Une édition définitive des œuvres de Descartes, entreprise par MM. Charles Adam et Paul Tannery, est en cours de publication à Paris, chez Léopold Cerf.

scolastique ne doit donc pas être imputée à mépris. Quant aux maîtres actuels de la philosophie française, ils n'ont pas d'opinion préconçue. Animés de cet esprit historique dont s'enorgueillit le siècle qui va finir, pénétrés d'un profond respect pour tout ce qui fut une pensée humaine, ils accueilleront, que dis-je? ils accueillent avec faveur toute tentative de restituer un anneau dans la chaîne interrompue de la philosophie universelle. Je crois le savoir pertinemment, et l'ouverture d'un cours public de philosophie musulmane en est la meilleure preuve.

*
* *

Le caractère extérieur le plus saillant de la philosophie musulmane, c'est qu'elle a servi de trait d'union entre la philosophie païenne de la Grèce antique et la philosophie chrétienne du moyen-âge. C'est à ce point de vue que je me propose de l'étudier aujourd'hui ; car c'est à titre de philosophe *hellénisant* qu'Ibn Thofaïl appartient à l'histoire de la philosophie musulmane.

Après le splendide épanouissement des grands systèmes grecs, le génie hellénique, au temps des successeurs d'Alexandre-le-Grand, s'était replié sur lui-même. Épuisé par tant de prodigieux efforts, las de discussions sans issue entre les écoles rivales définitivement constituées, découragé des libres spéculations par la perte de la liberté politique, envahi par les influences étrangères dans la nouvelle capitale du monde hellénique, la cosmopolite Alexandrie assise au carrefour des trois continents, il s'efforça d'abord de résister aux assauts du mysticisme oriental en recueillant et en concentrant ses forces : il entra dans une période d'érudition et de syncrétisme. Mais, comme par un pressentiment de l'alliance qu'elle allait avoir à subir, la philosophie hellénique opéra cette concentration autour du seul système fortement constitué qui pût ouvrir la porte au mysticisme : je veux dire l'idéalisme de Platon. Idéalisme et mysticisme ne sont qu'une même doctrine sous deux noms : ils ne diffèrent entre eux que comme la théorie et la pratique. L'Orient, de son côté, trouva dans la philosophie grecque ainsi transformée une expression claire et méthodique des aspirations puissantes mais vagues dont il se sentait animé. La fusion ne tarda pas à s'accomplir. Elle donna naissance à deux grandes doctrines, une religion et une philosophie, le christianisme et le néo-platonisme alexandrin ; celui-là plus imprégné du génie sémitique, celui-ci plus pénétré de l'esprit grec, mais issus l'un et l'autre d'une union féconde entre la métaphysique idéaliste de la Grèce et le mysticisme oriental.

On sait quelle fut, grâce à la *paix romaine*,

la diffusion rapide du christianisme à travers le monde ancien. Le néo-platonisme, système philosophique abstrus, ne pouvait disputer l'empire des consciences à une doctrine religieuse fondée sur l'idée de charité, qui venait annoncer aux humbles la « bonne nouvelle », et qui ne demandait que la « bonne volonté ». D'ailleurs, depuis le « sorcier » Jamblique, le mysticisme alexandrin versait dans la théurgie, la magie et l'astrologie judiciaire. Persécuté à ce titre par les empereurs chrétiens, le néo-platonisme, assagi mais épuisé, vint se réfugier à Athènes, dernier asile de l'hellénisme expirant. Enfin, en 529 après Jésus-Christ, un édit de l'empereur Justinien ferma l'école; les maîtres qui y professaient encore s'enfuirent en Perse; il ne resta plus de cette puissante doctrine qu'une masse énorme de manuscrits destinés à exercer une influence profonde sur la philosophie musulmane, et par elle sur le mysticisme du moyen-âge, sur la philosophie de la Renaissance, même sur les doctrines de la philosophie moderne.

*
* *

Au VIIᵉ siècle de notre ère une religion nouvelle surgit tout à coup des déserts de l'Arabie ; et avec une rapidité foudroyante elle se taille par le glaive un formidable empire. Elle ne vient pas pour abolir les révélations antérieures, mais pour épurer et parachever le judaïsme et le christianisme. Religion simple et forte, elle proclame, par la voix du prophète Mohammed, l'unité de Dieu, Maître des mondes, créateur du ciel et de la terre, clément, miséricordieux, et l'égalité de tous, sans distinction de race, au sein de la nouvelle foi. Elle prêche l'*islam* ou *résignation* aux décrets éternels de la Providence divine. Elle promet le paradis aux *musulmans* ou *résignés*, la géhenne aux infidèles. Le dogme est de la plus grande simplicité : peu ou point de mystères. S'il diffère du dogme chrétien, c'est surtout par la suppression du mystère de la Trinité qu'il taxe de polythéisme. « Dieu n'a pas été engendré et il n'a pas engendré », cette formule revient presque à chaque sourate du Qoran. « Dieu n'a ni fils ni associé » y est-il répété sans cesse. « En entendant un pareil blasphème, peu s'en faut que la terre ne s'entr'ouvre, que les montagnes ne s'écroulent ! » Unité absolue de Dieu, telle est l'idée fondamentale de l'islamisme. Orthodoxes ou schismatiques, réformateurs qui se donnent pour tâche de ramener l'islam à sa pureté primitive, ou révolutionnaires audacieux qui le dénaturent complètement en lui imposant des interprétations symboliques et fantaisistes, tous les musulmans d'origine aiment à se parer du nom d'*Unitaires*, depuis les Almohades, *Al-mowahhidîn,* jusqu'aux Assassins, qui croient à de multiples incarnations de la divinité et qui ne s'intitulent pas moins *Al-motawahhidîn*. J'insiste sur cette considération parce qu'aucune, je crois, n'est de plus grande conséquence pour l'histoire de la philosophie musulmane. La notion de l'unité divine tient au plus profond de l'âme sémitique telle que nous la connaissons depuis Mohammed et Moïse. N'est-ce pas elle, d'ailleurs, qui l'a inventée? La race aryenne ou indo-européenne ne s'est jamais élevée d'elle-même au-dessus du polythéisme; je ne parle pas, bien entendu, de quelques philosophes isolés, sans action sur la masse du peuple auquel ils appartiennent. Parmi tant de prophètes annonçant le Dieu unique et créateur, aucun ne s'est levé du milieu d'elle. Tous sont juifs, sauf Mohammed qui est arabe. Tous, sans exception, appartiennent à la race sémitique.

On a voulu voir dans ce fait l'influence du climat, entendu au sens le plus large, sur l'âme des races, et sur la formation des religions qu'elles professent. Désert, Sémite,

unité de Dieu, seraient trois termes inséparables.

Jetez les yeux, dit-on, sur deux cartes de
l'ancien continent : la première représentant, en jaune par exemple, les régions de
déserts et de steppes, la seconde, en vert, les
pays musulmans. Vous serez surpris de voir
ces deux taches de couleur différente coïnci-
der presque exactement. C'est de part et
d'autre une longue bande orientée sensible-
ment de l'ouest à l'est, et qui va de l'Atlan-
tique au Pacifique, à travers toute l'Afrique
du Nord, l'Arabie, la Perse et la Chine. A
peine la tache verte débordera-t-elle la tache
jaune sur quelques points, par exemple en
Turquie d'Europe, aux Indes, dans l'Insu-
linde, etc. Encore est-il bon de remarquer
qu'en Turquie d'Europe les musulmans représentent tout au plus 33 pour 100 de la po-
pulation totale contre 66 pour 100 de chrétiens, et que les musulmans de l'Inde ne sont
aussi qu'une minorité. L'islamisme apparaît

donc, ce semble, comme la religion des déserts,
où il naquit. Nous aurons, je pense, dans une
prochaine leçon, l'occasion de montrer combien elle est appropriée au climat qui l'a vue
naître, et pour quelles raisons elle éprouve
tant de difficulté à s'acclimater sous d'autres
cieux. — Reste à considérer, poursuit-on,
un autre peuple sémitique, le peuple juif,
dispersé depuis, par un coup de force de
l'empereur Hadrien, et aujourd'hui répandu
sur toute la surface du globe, mais, à la
grande époque de sa mission prophétique,
enfermé d'abord dans cette longue oasis
qu'est l'Égypte, puis enserré dans l'étroite
vallée du Jourdain, entre la mer et le désert.
Moïse, Jean-Baptiste, Jésus, c'est au désert
voisin que se retirent tous ces prophètes pour
entrer en conversation avec le Dieu unique
dont ils sont les porte-parole. Ne dirait-on
pas, en vérité, que seule la contemplation du
désert, uniforme d'aspect et infini, est propre
à suggérer l'idée de l'unité divine ? N'a-t-on

pas raison de dire, en tout cas, que désert et unité de Dieu sont deux termes inséparables?

Quant au troisième terme, sans doute il s'en faut de beaucoup que la zone désertique, le monde musulman actuel, soit exclusivement peuplée de Sémites. Mais n'est-il pas incontestable que les Sémites sont là dans leur élément; qu'ils ont pu conquérir et islamiser avec la plus grande facilité les peuples de cette zone ; qu'ils ont échoué contre les autres presque aussitôt qu'ils en sortaient; que partout où ils s'en sont écartés, comme en Espagne, où l'on trouve cependant, aujourd'hui encore, sur les plateaux du centre, des steppes peuplés de troupeaux transhumants, et par conséquent des populations plus ou moins nomades, en France, en Sicile, etc., ils n'ont pu faire triompher définitivement l'islamisme, et ont dû tôt ou tard quitter la place pour revenir enfin vers leurs déserts? Nous ne parlons pas de la Turquie d'Europe, dont les conquérants ne sont pas des Sémites, où les musulmans sont en petit nombre, qui faiblit et recule depuis longtemps devant les nations chrétiennes, et dont l'apparente exception pourrait bien, quelque jour, confirmer la règle. Au contraire du côté du Soudan, parmi les populations nègres encore voisines du Sahara, l'islamisme fait tous les jours de nouveaux adeptes. Mais ses succès s'arrêtent brusquement au seuil de la forêt équatoriale.

On le voit donc : désert, Sémite, unité de Dieu, trois termes inséparables ou bien peu s'en faut[1].

Cette théorie paraît séduisante, bien que, peut-être, elle n'explique pas tous les faits. Renan la couvre de son nom ; et sans attribuer à ces considérations très générales une rigueur qu'elles ne sauraient comporter, je

1. On écarte entièrement les Phéniciens du débat parce qu'ils ne confinaient pas au désert et surtout parce qu'il reste un doute sur leur origine purement sémitique.

les crois suffisamment exactes pour jeter un certain jour sur l'histoire de la civilisation arabe et en particulier de la philosophie musulmane.

*
* *

A peine l'islam venait-il de conquérir l'immense empire qui lui était dévolu, à peine venait-il d'atteindre et même de franchir sur plusieurs points, en vertu de son élan puissant, les limites que lui assignait la nature, lorsque l'enthousiasme ingénu des nouveaux croyants se trouva en présence des monuments de la philosophie alexandrine. Après les quatre premiers successeurs de Mohammed, auxquels les musulmans donnent le nom de *khalifes parfaits,* et qui résidaient à

la Mecque ou à Médine, après la dynastie des
Omeyyades qui avait transporté le siège du
khalifat en Syrie, à Damas, au milieu d'anciens sujets grecs restés chrétiens en très
grand nombre, la dynastie des Abbassides
s'était rapprochée de la Perse dont elle re-
présentait l'influence au sein de l'islam : elle
avait fondé non loin de l'antique Babylone
sa nouvelle capitale Baghdâd. C'est là qu'un
jour, en 765 de notre ère, le second khalife
abbasside, El-Mansoûr, tomba malade : il
souffrait de la dyspepsie. Le mal était grave,
et nul dans l'entourage du souverain ne savait y porter remède. On fit venir du sud de
la Perse, de la petite ville de Djondiçabour,
où il dirigeait un hôpital et une véritable
école de médecine, Djordjis ben Djabrîl,
c'est-à-dire Georges fils de Gabriel, médecin
chrétien appartenant à la secte nestorienne.
Les nestoriens, en Syrie, en Chaldée, pos-
sédaient alors, pour ainsi dire, le monopole
de la science et particulièrement de la méde-

cine grecque : ils avaient traduit en leur
langue, en syriaque, de nombreux livres
grecs de médecine et de philosophie. Djordjis guérit El-Mansoûr qui le combla de
faveurs, l'attacha à sa personne, et voulut
savoir où il avait puisé une science si admirable et si utile. Celui-ci nomma ses maîtres
grecs et, sur l'invitation du khalife, il entre-
prit de traduire leurs ouvrages en langue
arabe. D'autres nestoriens l'imitèrent, et
formèrent des élèves musulmans qui se vouè-
rent à la même tâche. Déjà sous les Omeyyades quelques essais de ce genre avaient eu
lieu; mais ils avaient surtout porté sur des
ouvrages d'alchimie. Sous les successeurs
d'El-Mansoûr, et surtout au temps d'El-
Mâmoûn, fils du célèbre Haroûn er-Rachîd,
ce travail de traduction fut poussé avec
une ardeur incroyable. En cherchant des
livres de médecine parmi les manuscrits soit
grecs soit syriaques mais traduits du grec, on
trouva des ouvrages d'astronomie, de mathé-

matiques, de philosophie enfin, et on les traduisit également.

Dans ce monde musulman où elle se trouvait ainsi transportée, la philosophie grecque arrivait à son heure. Dès le lendemain de la mort du Prophète, de graves dissensions avaient éclaté dans l'islam, dissensions religieuses, ou bien dissensions politiques, c'est-à-dire encore religieuses ; car, dans la société musulmane, vie privée, relations sociales, organisation politique, tout est réglé en principe, dans le plus minutieux détail, par le Qoran et par les *hadits* ou traditions du Prophète. Toute compétition entre prétendants au khalifat engendre donc un schisme, toute tentative de réforme politique ou sociale devient secte. On avait vu bientôt les points de divergence se multiplier, le nombre des doctrines hérétiques s'accroître. A la foi enthousiaste et naïve des premiers temps succédait l'esprit d'examen, le besoin de comprendre et d'interpréter. Ces nomades simplistes et passionnés, habitués aux haines de tribus, à la razzia, aux sanglantes représailles, eurent tout naturellement l'anathème facile contre quiconque heurtait de front leur façon d'entendre la nouvelle Loi. Les passions politiques, les tendances divergentes de tant de races diverses, contribuaient à susciter des antagonismes qui, éclatant sous forme d'hérésies, engendraient des guerres de religion acharnées et interminables. Jugez si dans de pareilles conditions les controverses religieuses devaient prendre un caractère d'âpreté et de violence ! Mais l'esprit arabe, plus lyrique que critique, plus ardent que subtil, était mal préparé à ces luttes d'argumentation. Aux propagateurs de nouvelles doctrines les armes de la dialectique manquaient. La philosophie grecque vint à point pour les leur fournir. Elle ne pouvait être que la bienvenue.

*
* *

Ce fut une secte remarquable en tout
point, celle des Mo'tazélites qui, la première,
vint s'approvisionner à l'inépuisable arsenal
de la philosophie hellénique. Peu de temps
après la mort du Prophète, nous l'avons dit,
des divergences d'interprétation s'étaient
produites sur plusieurs point du dogme. Les
auteurs musulmans, Chahrestani, par exemple, les ramènent généralement à quatre : la
question des attributs de Dieu et de l'unité
divine ; celle du *décret* divin et de sa justice,
c'est-à-dire la question de la liberté et de la
prédestination ; celle des promesses et des
menaces, c'est-à-dire de la rémunération future ; enfin celle de la tradition et de la raison dans les choses de la foi, question qui

2.

porte plus particulièrement sur la mission des prophètes, l'imâmat, et la grâce divine. Un jour, dans l'école de théologie ouverte à Basra, en Chaldée, par le célèbre Haçan el-Basri, l'un des chefs des *tâbi'în*, c'est-à-dire des successeurs immédiats des compagnons du Prophète, un homme se leva et, interpellant le maître, lui posa une question relative au troisième des quatre points que nous venons d'énumérer : « Imâm de la religion, dit-il, le musulman coupable d'un péché mortel devient-il par là-même *infidèle* ou reste-t-il croyant ? Demeurera-t-il éternellement en enfer, ou peut-il encore espérer le salut ? Nous voyons des gens soutenir l'une et l'autre thèse : on appelle les premiers Wa'idites et les seconds Mordjites. Comment décides-tu la question ? » Alors, sans laisser au maître le temps de répondre, un des disciples, se levant à son tour, prit la parole et dit : « Je pense, moi, que le musulman coupable d'un péché mortel n'est plus absolument

croyant, mais qu'il ne devient pas non plus
absolument infidèle. » Puis, se dirigeant avec
plusieurs de ses condisciples vers un angle
du *medjlès* ou salle de réunion, il leur déve-
loppa sa réponse, et déclara, pour conclure,
que le pécheur en question, mort dans l'im-
pénitence finale, demeurerait dans l'enfer
éternellement, mais qu'il y subirait une
peine moins dure que le châtiment promis
aux *infidèles*. Ce disciple dissident avait nom
Wâcil ben ʿAthâ. « Wâcil s'est *séparé* de
nous, dit Haçan el-Basri (*qad iʿtazala ʿannâ
Wâcil*) », et les partisans de cette nouvelle
secte reçurent le nom de *Moʿtazélites*, c'est-
à-dire *séparés* ou *dissidents*. On les regarde
généralement comme les vrais fondateurs du
kalâm ou théologie scolastique des musulmans, qui pendant plusieurs siècles a brillé
d'un si vif éclat, et qui emprunta la plupart de
ses arguments, voire même de ses théories,
aux livres philosophiques de la Grèce. Par
leur polémique pressante, ils obligèrent bien-

tôt leurs adversaires, les théologiens orthodoxes, à se défendre avec les mêmes armes, et
à recourir, eux aussi, aux arguments et aux
théories de la philosophie hellénique. Les Mo'-
tazélites représentent, contre ces champions
de la tradition et souvent du fanatisme, l'esprit
de libre examen et la tolérance religieuse. Aux
sectes qui les avaient précédés, et qui étaient
nées des difficultés inhérentes à certains pas-
sages du Qoran malaisés à entendre au sens
littéral ou à concilier les uns avec les autres,
ils empruntèrent toutes les doctrines les plus
libérales, dans lesquelles les théologiens orthodoxes ne voulaient voir que de sacrilèges
innovations : aux Qadarites, la doctrine du
libre arbitre ; aux Mo'attila, la négation des
attributs divins, c'est-à-dire en somme la
négation de l'anthropomorphisme, doctrine
conforme à celle du Dieu ineffable qu'ils
trouvaient chez les philosophes grecs ; aux
Mordjites, nous l'avons vu, celle d'une atté-
nuation des tourments éternels pour le

croyant coupable ; ils nièrent enfin que le
Qoran fût incréé, et réduisirent l'inspiration
prophétique à n'être qu'un produit naturel
des facultés humaines. Adversaires de la prédestination au salut ou au châtiment, et de
l'interprétation littérale qui conduisait à
donner à Dieu un corps, des mains, un vi-
sage, ou à compromettre, selon eux, son
unité en le douant d'attributs éternels comme
lui et distincts de son essence : puissance,
science, vie, etc., ils aimaient à s'intituler *les
défenseurs de la Justice et de l'Unité (ashâb el-
'adl oua 't-toûhîd)* ; encore une secte, on le
voit, qui se donne le nom d'*Unitaire*. Plusieurs khalifes, entre autres le célèbre El-
Mâmoûn, favorisèrent cette école rationaliste
et libérale. El-Mâmoûn et certains de ses
successeurs érigèrent en dogme la doctrine
de la création du Qoran persécutée jusque-là,
et se firent à leur tour persécuteurs au nom
du libéralisme. Plus tard enfin, ce grand
mouvement de réforme religieuse, cette pre-

mière tentative-de conciliation entre la philosophie et l'islamisme, trouve son expression
la plus complète dans la grande Encyclopédie
des *Frères de la pureté* ou de la *sincérité*,
(*Ikhoûân es-safâ*).

*
* *

Ce fut l'esprit de réaction qui l'emporta.
Au début du x⁰ siècle, un redoutable adversaire s'était levé contre les Mo'tazélites. Il
se nommait Abou 'l-Haçân el-Ach'ari. Jusqu'à lui, les Mo'tazélites, plus versés dans la
philosophie grecque, avaient eu, dans les
discussions, l'avantage sur leurs adversaires,
et les orthodoxes ne se défendaient que pé-
niblement. El-Ach'ari vint rétablir le combat
avec des armes empruntées aux Grecs et
qu'il avait appris à manier de ses anciens

maîtres les Mo'tazélites. Il s'était séparé
d'eux avec éclat. Un jour de vendredi, nous
raconte Makrizi, dans la grande mosquée de
Basra, il monta en chaire, se nomma, abjura
publiquement les hérésies mo'tazélites, et fit
une profession de foi orthodoxe. Dès ce moment, il devint le plus terrible adversaire
de ses anciens professeurs. C'était un dialecticien remarquable. En bon disciple des
Grecs, il sut faire preuve, à l'occasion, d'une
subtilité digne d'un Platon, d'un Chrysippe
ou d'un Carnéade. Je n'en veux pour preuve
que cette jolie discussion, rapportée par Ibn
Khallikan et Abou 'l-Féda, et qui l'avait conduit précisément à répudier les doctrines des
soi-disant défenseurs de la justice divine.
Un jour, travaillé de doutes qui le tourmen-
taient depuis longtemps, il pose à son maître
El-Djobbaï la question suivante :

« J'avais trois frères qui sont morts, l'un
pieux, le second infidèle ; quant au dernier,
il mourut en bas-âge. Quelle situation, ô

mon maître, a dû leur réserver dans l'autre monde la justice impartiale du Dieu très-haut?

— Le pieux, répondit El-Djobbaï, est sur les degrés du paradis, l'infidèle sur les marches de l'enfer ; quant au plus jeune, il est sauvé.

— Mais lui sera-t-il permis d'entrer au paradis? insista le malin disciple.

— Non, dit El-Djobbaï, car il ne peut faire valoir des mérites comparables à ceux que le premier s'est acquis.

— Mais, poursuivit El-Ach'ari, ne pourra-t-il dire à Dieu : « Seigneur, ce n'est pas ma faute! Que ne m'as-tu fait vivre plus longtemps, afin de m'éprouver et de me mettre en état d'acquérir des mérites à mon tour?

— Dieu lui répondrait en ce cas, repartit El-Djobbaï : « Je savais que si tu vivais plus longtemps tu deviendrais infidèle, et que tu mériterais le châtiment douloureux. Rends-moi grâces, car je t'en ai préservé. »

— Alors, conclut El-Achʿari, mon second frère ne dira-t-il pas au Seigneur : « Maître des mondes, tu devais aussi connaître à l'avance ma destinée. Pourquoi, Dieu juste et bon, ne m'as-tu pas, moi aussi, préservé du châtiment ? Pourquoi m'as-tu laissé vivre ? »

Le professeur demeura court, et le disciple abandonna l'école.

El-Achʿari ne tomba pas, cependant, dans les excès des théologiens partisans de l'interprétation littérale et simpliste. La doctrine dont il est l'auteur vise à tenir le juste milieu dans toutes les questions fondamentales du dogme, grâce à d'ingénieuses distinctions. Elle devait plus tard faire fortune et devenir enfin la doctrine orthodoxe de l'islam. Mais elle ne satisfit au premier abord ni les orthodoxes du temps, ni surtout les rationalistes, Moʿtazélites ou philosophes.

*
* *

Les philosophes proprement dits venaient
en effet d'apparaître au sein de l'islam. Il
faut noter que dans l'histoire de la pensée
musulmane on réserve le nom de *philosophes*,
à peu près comme chez nous au XVIIIe siècle,
à une école de penseurs nettement définie.
Tous ceux dont il a été question jusqu'ici
prenaient le dogme comme point de départ
et l'interprétaient plus ou moins librement.
Si subtiles, si profondes qu'aient pu être
leurs controverses, si importants qu'aient été
parfois les emprunts faits par eux à la philosophie hellénique, ils méritent seulement le
nom de *motékallemîn*, théologiens, du mot
kalâm, théologie. Au contraire, les penseurs
qu'il nous reste à passer en revue, tout en

faisant profession d'islamisme, prennent leur
point de départ dans la philosophie grecque
elle-même ; et c'est seulement pour répondre
aux accusations d'hérésie dont les Ach'arites
sont prodigues à leur égard, qu'ils essayent
de concilier leurs doctrines philosophiques
avec les dogmes de l'islam. Ils méritent donc
bien, exclusivement, le nom grec de *philosophes* (*faïlaçouf*, au pluriel *falâçifa*) que leur
réservent les musulmans.

On les appelle aussi les *péripatéticiens*
arabes. Pourquoi ce nom de péripatéticiens ?
C'est que dans la vaste synthèse du rationalisme grec avec le mysticisme oriental, d'où
était sortie la philosophie alexandrine ou
néo-platonicienne, le système d'Aristote ou
péripatétisme occupait, lui aussi, une large
place. Le platonisme proprement dit présentait d'importantes lacunes : toute la partie
scientifique était rudimentaire ; la logique
s'y réduisait à de simples indications. Avides
d'érudition, comme l'étaient les philosophes

de l'époque alexandrine, ils devaient tout
naturellement chercher dans l'admirable
logique d'Aristote et dans sa vaste encyclopédie scientifique de quoi répondre aux
desiderata du système de Platon. Aussi la
forme extérieure du néo-platonisme a-t-elle
déjà une certaine apparence péripatéticienne.
Même en ce qui concerne les doctrines fondamentales, le péripatétisme avait fourni au
néo-platonisme d'importantes contributions.
Quant aux *philosophes* arabes, ils reconnurent
à Aristote, pour le fond des doctrines comme
pour la forme, une autorité sans égale :
ils ne se lassaient pas de le traduire et de le
commenter ; ils composaient des ouvrages
sous le titre et sur le plan de ses ouvrages ;
ils s'appropriaient, en les interprétant, la plupart de ses théories, et c'est, par exemple, le
Dieu d'Aristote, que nous retrouvons, passa-
blement transformé d'ailleurs sous l'influence
du néo-platonisme, de la Perse et de l'Inde,
chez tous les *philosophes* musulmans.

En parlant de ces péripatéticiens, je dis tantôt *philosophes arabes* et tantôt *philosophes musulmans*. Ces deux expressions sont-elles bien exactes ? « Ce n'est que par une très décevante équivoque, dit Renan, que l'on applique le nom de *philosophie arabe* à un ensemble de travaux entrepris, par réaction contre l'arabisme, dans les parties de l'empire musulman les plus éloignées de la péninsule, Samarkand, Bokhara, Cordoue, Maroc. Cette philosophie est *écrite en arabe*, parce que cet idiome était devenu la langue savante et sacrée de tous les pays musulmans ; voilà tout. Le véritable génie arabe, caractérisé par la poésie des Kasidas et l'éloquence du Coran, était absolument antipathique à la philosophie grecque... C'est lorsque l'esprit persan, représenté par la dynastie des Abbassides, l'emporte sur l'esprit arabe, que la philosophie grecque pénètre dans l'islam[1]. » Rien

---

1. Renan, *Averroès et l'averroïsme*, 3e édition, p. 90.

de plus juste. Mais l'expression de *philosophie musulmane* vaut-elle beaucoup mieux, appliquée justement à ces raisonneurs qui représentent un mouvement de réaction contre l'arabisme, c'est-à-dire, en somme, contre l'islamisme, et qui, quoique péripatéticiens, inclinent tous plus ou moins vers le panthéisme ? Inexactes quand on les applique à ces philosophes hellénisants, les expressions de *philosophie musulmane* et de *philosophie arabe* ne le sont pas moins quand on les emploie pour désigner les *motékallemîn* dissidents ou orthodoxes. « La philosophie, nous dit encore Renan, n'a été qu'un épisode dans l'histoire de l'esprit arabe. Le véritable mouvement philosophique de l'islamisme doit se chercher dans les sectes théologiques... et surtout dans le *kalâm*. Or les musulmans n'ont jamais donné à cet ordre de discussions le nom de *philosophie* (*filsafet*) [1]. » Nous pouvons encore,

---

1. Renan, *op. cit.*, p. 89.

sous certaines réserves, souscrire à ces paroles
de Renan. Ainsi donc nous avons devant nous
d'une part des philosophes dignes de ce nom,
mais qui ne sont, en général, ni arabes, ni
musulmans ; d'autre part des penseurs arabes
et musulmans, qui font œuvre de théologie,
mais ne sont pas, à proprement parler, des
philosophes. Les expressions de *philosophie
musulmane* et de *philosophie arabe* ne convien-
nent proprement ni aux uns ni aux autres.
Encore moins pourraient-elles convenir à la
fois aux uns et aux autres. Or l'étude à laquelle nous nous attachons s'intéresse aussi
bien aux seconds qu'aux premiers ; car elle a
précisément pour objet la longue lutte qu'ils
se sont livrée, lutte entre l'esprit arabe et
l'esprit grec, hindou, persan, entre l'islamisme conquérant et les nationalités vain-
cues. On ne peut vraiment comprendre les
uns indépendamment des autres; nos étu-
diants indigènes de la Médersa, que j'aperçois
nombreux dans cet auditoire, pourront se

convaincre au cours de ces leçons que l'étude
des *philosophes* proprement dits est de première
utilité pour l'intelligence du *kalâm*, et nous
sommes convaincu de notre côté que la réci-
proque n'est pas moins vraie. Mais comment
trouver une dénomination qui convienne à la
fois aux philosophes hellénisants, aux *motékallemîn* dissidents, et aux *motékallemîn* orthodoxes ? Nous ne pouvons donc faire mieux
que de nous conformer à la terminologie cou-
rante. On est à peu près d'accord aujourd'hui
pour préférer l'expression générale de *philosophie musulmane*. Car si ces penseurs ne sont
pas tous des musulmans d'une orthodoxie
incontestable, si, d'autre part, ils ne sont pas,
en majorité, des *falâcifa*, des *philosophes* au
sens étroit du mot, du moins le théâtre de
leurs luttes est toujours le monde musulman,
et tous les hauts problèmes qu'ils agitent ont
un caractère philosophique indéniable. Nous
appellerons donc ce grand mouvement intel-
lectuel et moral, considéré dans son ensem-

ble, du nom de *philosophie musulmane*; mais nous ne nous ferons pas faute, à l'occasion, d'employer aussi, dans le même sens, l'expression de *philosophie arabe*, puisque ce fut la langue arabe qui servit de véhicule à tout ce mouvement de sentiments et d'idées. Quand il sera nécessaire de distinguer et d'opposer, nous emploierons les termes de *philosophes proprement dits, péripatéticiens arabes, philosophes hellénisants*, et ceux de *théologiens*, de *motékallemîn dissidents, motékallemîn orthodoxes*. Dans tous les autres cas nous donnerons aux uns et aux autres le nom de *philosophes musulmans* ou de *philosophes arabes*. Les distinctions que nous venons d'établir suffisent, je pense, à rendre inoffensives ces impropriétés d'expression et ces ambiguïtés inévitables.

*
* *

Les philosophes proprement dits venaient
donc de faire leur apparition dans l'islam.
El-Kendi, au IXᵉ siècle de notre ère, El-Farâbi
au Xᵉ, vulgarisaient par des commentaires
souvent profonds et subtils, plutôt que par des
travaux véritablement originaux, la philosophie d'Aristote. Ils la considéraient comme la
vérité absolue, et ne prétendaient qu'à en donner une explication claire et fidèle. La plupart
de leurs successeurs conserveront la même
attitude. Mais alors même qu'elle s'enchaîne
à une autorité, alors même qu'elle croit ab-
diquer, la raison humaine ne perd jamais ses
droits. Expliquer c'est interpréter, interpréter
c'est faire œuvre personnelle. Autant que nous
pouvons aujourd'hui nous en rendre compte,
les interprétations d'El-Kendi et d'El-Farâbi

laissent déjà percer les principales doctrines communes, avec d'importantes variantes, à tous les péripatéticiens musulmans, et qui déchaîneront contre eux les anathèmes des Ach'arites.

Trente ans après la mort d'El-Farâbi naissait, comme lui dans la province de Mawarennahar, à l'orient de la Perse, le plus profond des penseurs du xie siècle et le plus grand des philosophes musulmans : j'ai nommé Avicenne, dont le vrai nom est Ibn Sînâ. Il était versé dans toutes les sciences de son temps, poète, homme politique, mathématicien, médecin, philosophe. On en peut dire autant de presque tous les représentants de cette école. Mais Ibn Sînâ fut un très grand médecin et un remarquable philosophe. Dans ses livres exotériques, sa doctrine, comme toujours, est essentiellement celle d'Aristote, avec un alliage d'éléments étrangers au péripatétisme. Il déclare avoir emprunté beaucoup à El-Farâbi, surtout en ce qui concerne la lo-

gique. Mais à la différence de ses deux principaux prédécesseurs, il ne craint pas d'innover,
et fait preuve, bien souvent, d'une originalité
véritable. Plusieurs théories, vagues et indé-
cises dans Aristote, acquièrent chez lui une
remarquable précision. Sa classification des
sciences, sa logique en général, ses théories
de l'être, de l'âme, de l'intellect, révèlent
une rigueur de méthode et se présentent avec
une clarté, qui manquent chez le maître grec.
Les deux points essentiels du péripatétisme
arabe, autour desquels se concentrera la lutte
contre les théologiens orthodoxes, se déga-
gent enfin avec une grande netteté : je veux
dire la question de l'éternité du monde ou
question de la création, et la question de l'intellect actif à laquelle se rattache celle de l'inspiration prophétique. Mais quoique implaca-
ble ennemi des superstitions de son temps,
la magie, l'astrologie, quoique adversaire des
motékallemîn orthodoxes, dont il relève plus
d'une fois l'ignorance et l'illogisme, un grand

personnage, un haut fonctionnaire comme Ibn Sînâ, ne devait-il pas certains ménagements aux croyances fondamentales de l'islam? On ne peut supposer d'ailleurs que sa pensée de derrière la tête fût d'extirper les croyances musulmanes. Ces grands péripatéticiens arabes étaient des esprits très élevés, très libéraux, nullement tranchants; ils avaient un sentiment profond de l'utilité sociale des religions, qu'ils considéraient comme nécessaires au vulgaire, et dans lesquelles ils voyaient des formes plus ou moins pures, plus ou moins parfaites de la vérité métaphysique ou absolue. Nous en trouverons un exemple frappant dans notre Ibn Thofaïl. Avicenne voulait donc seulement épurer, élever la religion de l'islam telle que l'entendaient les orthodoxes de son époque. Aussi fit-il aux croyances musulmanes, dans ses livres exotériques, les concessions nécessaires; par exemple, au sujet de l'immortalité individuelle, du prophétisme, qu'il admet, et même du *mi'râdj* ou ascension du prophète Mohammed. Je ne sais d'ailleurs s'il faut voir dans ces tentatives de conciliation de simples capitulations de conscience. En tout cas, il y apporte souvent une véritable orignalité. C'est ainsi que par sa distinction du possible, du réel et du nécessaire, il essaye de sauvegarder, en l'interprétant, le dogme de la création. Il classe le monde dans la catégorie du possible, et montre qu'il aurait pu être tout différent de ce qu'il est ; il est contingent par suite, quoique éternel ainsi que l'exige impérieusement la doctrine péripatéticienne ; et en fin de compte il a pour cause, en dehors du temps, cause logique et métaphysique, l'Être également éternel mais en même temps nécessaire, c'est-à-dire Dieu. Peut-on s'empêcher ici de songer à Leibniz, toutes différences gardées ? Le génie à la fois souple et puissant d'Ibn Sînâ rappelle, ce me semble, par plus d'un côté, celui du philosophe moderne, disciple d'Aristote lui aussi à certains égards. Lui aussi, à chaque instant, paraît faire à ses adversaires de toutes les écoles, dans sa correspondance par exemple, des concessions déconcertantes ; elles s'expliquent tout naturellement par les *points de vue successifs* qui constituent sa *manière*. N'en irait-il pas de même pour Ibn Sînâ et les philosophes de son école ?

Quoi qu'il en soit, se conformant d'ailleurs à la tradition qui attribuait à Aristote, à côté de son enseignement exotérique ou public, un enseignement ésotérique réservé à une élite d'initiés, Ibn Sînâ avait composé des écrits ésotériques ou secrets. Ibn Thofaïl nous en avertit au début de son célèbre et singulier roman philosophique intitulé *Hayy ben Yaqdhân*, qui fera cette année l'objet de nos leçons. « Au commencement du livre de la *Guérison*, dit Ibn Thofaïl, le cheikh Abou 'Ali (c'est-à-dire Ibn Sînâ) déclare que la vérité selon son opinion n'est pas dans les doctrines qu'il y expose ; qu'il s'est borné, en le composant, à reproduire le système des péripatéticiens, et que celui qui veut la vérité pure doit la chercher dans son livre de la *Philosophie orientale*[1]. » Ce livre, intitulé *Asrâr el-hikma 'l-machriqiyya*, « *Secrets de la sagesse* (ou de la philosophie) *orientale* », et dont s'est beaucoup inspiré Ibn Thofaïl, était encore inconnu au temps de Munk. Depuis, M. Mehren a publié sous ce titre, avec une traduction ou une paraphrase en français[2], plusieurs traités inédits d'Avicenne. La doctrine qui s'y trouve exposée sous forme d'allégories souvent abstruses mais parfois très belles n'est autre que le mysticisme des Soufis amalgamé avec la théorie aristotélicienne de

1. Voir notre édition du *Hayy ben Yaqdhân, roman philosophique d'Ibn Thofaïl*, texte arabe publié d'après un nouveau manuscrit, avec les variantes des anciens textes, et traduction française. Collection du Gouvernement général de l'Algérie. Alger, Fontana, 1900; p. ١٢ du texte arabe et p. 12 de la traduction.

2. A Leyde, chez Brill, 1889-1894, 3 fascicules in-4°. Le livre a pour titre, en français : *Traités mystiques d'...Avicenne*.

l'intellect actif. Le soufisme, on le sait, re-
présente moins une école qu'une tendance ;
c'est la tendance mystique de l'Orient, qui
entrait déjà pour une part dans le péripatétisme alexandrin, et qui, dans la doctrine
d'Avicenne, vient s'y mêler pour la seconde
fois. Désormais, au lieu d'un équivalent de
mysticisme, si j'ose m'exprimer ainsi, le péripatétisme arabe en contiendra généralement
deux ou plusieurs. Désormais, le but essen-
tiel de cette philosophie sera d'enseigner aux
initiés comment, par l'ascétisme et la méditation, notre âme parvient à dépouiller la
partie inférieure de la nature humaine, à
s'absorber tout entière au sein de l'Intellect
divin, et à jouir, par conséquent, de la félicité
suprême. Mais pour certains de ces philosophes, plus rationalistes, pour Averroès, pour
Ibn Bâdja, dont nous parlerons plus loin, on
n'arrive que par la science, par un persévérant
exercice de la spéculation, à l'union avec
l'intellect divin : et l'ascétisme se réduit à se

priver du superflu, à réfréner les passions, en un mot à tenir en bride toutes les facultés sensibles, dont les élans désordonnés, rompant le parfait équilibre des facultés humaines, détourneraient l'âme de la science spéculative. Selon d'autres, plus imprégnés de soufisme, plus accessibles aux rêveries du mysticisme oriental, la science, unie à la vertu, constitue, sans doute, pour quiconque n'est pas favorisé de la grâce réservée aux saints et aux prophètes, une préparation nécessaire à l'intuition de la vérité absolue ; mais la connaissance que la science donne, fondée sur le raisonnement, demeure toujours fragmentaire et incomplète. C'est seulement dans l'extase qu'elle peut se transformer en une intuition simple et continue. L'âme, pour obtenir une pareille intuition, doit se dépouiller des derniers restes de multiplicité qui subsistent en elle par suite de son commerce avec le monde sensible et avec le corps. Il faut donc que le sage, parvenu au

plus haut degré de la science spéculative, re-
nonce à la science et à lui-même. Il faut qu'il
se soumette à un long et pénible *entraînement*
conduisant, par le jeûne, les macérations,
l'occlusion de tous les sens, la contemplation
exclusive de l'idée de Dieu, à l'abolition non
seulement de toute représentation sensible
mais de toute pensée discursive, de toute
conscience, à l'évanouissement de toute multiplicité, de toute dualité, à l'absorption finale
de son individualité dans le sein de l'Unité
divine. Cette doctrine ne refuse pas toute
valeur à la raison, qui demeure souveraine
dans le domaine de la science spéculative;
mais elle admet au-dessus de la science, de
la raison, un mode de perception plus clair
et plus parfait, une intuition simple, intem-
porelle, adéquate, de la vérité absolue. Telle
est la doctrine commune à des degrés divers et avec certaines nuances, à Avicenne,
à El-Ghazâli, à Ibn Thofaïl.

El-Ghazâli florissait vers la fin du XIᵉ siè-

cle. Il était originaire de Perse, comme El-Farâbi et Ibn Sînâ. A l'exemple d'El-Achʿari,
dont il consolida l'œuvre, El-Ghazâli, nourri
des doctrines helléniques, retourna contre le
péripatétisme toutes les armes de la dialectique grecque. Dans son traité intitulé : *La
délivrance de l'erreur*, il nous a laissé une cu-
rieuse autobiographie. Il nous raconte comment, après avoir parcouru et profondément
étudié toutes les sectes philosophiques ou religieuses, après en avoir reconnu la fausseté,
il n'a trouvé la paix de la conscience que
dans l'ascétisme des Soufis. Il vivait depuis
onze ans dans la retraite et s'était élevé jusqu'à
l'extase mystique, lorsque, répondant à l'ap-
pel de son souverain qui lui ordonnait de se
consacrer à la défense de l'orthodoxie, il ren-
tra dans la mêlée des discussions philosophiques et religieuses.

La principale question relative à El-Ghazâli est celle de son scepticisme; elle n'est
pas sans analogie avec la question du scep-

ticisme de Pascal. Jusqu'à ces dernières an_
nées, pour tous les historiens de la philosophie arabe, pour Schmölders, pour Renan,
pour Munk, pour Dugat, El-Ghazâli était un
sceptique : il avait voulu abaisser la raison au
profit de la foi et fonder la religion de l'islam
sur les ruines de la philosophie. Dans une in-
téressante communication faite en 1891 au
Congrès scientifique international des catholi-
ques, M. Carra de Vaux s'est efforcé de prou-
ver, par l'analyse du traité d'El-Ghazâli *La Ré-
novation des sciences religieuses*, que ce croyant
doublé d'un philosophe ne mérite pas le nom
de sceptique ; car il fait l'éloge de la science
tout en lui assignant des limites, et se sert de
la raison pour confirmer le dogme, pour prou-
ver la révélation elle-même. « De ce qu'on ne
refuse pas, dit l'auteur, quelque valeur à la
raison, il ne s'ensuit pas qu'on doive la re-
garder comme le moyen unique de parvenir à
toute science. Gazâli l'a suivie jusqu'au point
où elle a semblé lui dire de chercher une au-

tre compagne s'il voulait s'élever à des régions plus hautes; il a pris alors la main que
lui tendait l'inspiration. C'est assurément là
un système, qui n'est autre que celui de toute
philosophie religieuse. » M. Carra de Vaux
conclut que « la question du scepticisme de
Gazâli doit être considérée désormais comme
tranchée par la négative ». Il ajoute que cette
« légende a eu son origine dans l'interprétation erronée d'un seul mot », le mot *falâcifa*.
Les historiens de la philosophie musulmane,
entendant par *philosophes* « tous ceux qui vont
à la vérité par la voie de la raison », auraient
conclu du simple titre d'un ouvrage célèbre
d'El-Ghazâli, *Tehâfot el-falâcifa*, *La Destruction* (ou la réfutation) *des philosophes*, qu'il
rejette toute recherche rationnelle, qu'il est
un sceptique au sens propre du mot; con-
clusion illégitime, reposant sur un contre-
sens, puisque le mot *falâcifa* signifie chez les
écrivains arabes non pas les philosophes en
général, mais seulement les péripatéticiens

musulmans, et aussi leurs maîtres grecs, en particulier Aristote.

Cette discussion me paraît avoir sa source dans une équivoque ; mais ce n'est pas, je crois, celle qu'imagine M. Carra de Vaux. Ni Dugat, ni Munk, ni Renan, ni Schmölders lui-même ne sont coupables de la fausse interprétation qu'on leur reproche : tous ils ont pris soin de signaler le sens restreint du mot *falâcifa*, et nous avons cité tout à l'heure un passage de Renan caractéristique à cet égard. Par contre ils ont eu, pour taxer El-Ghazâli de scepticisme, d'autres raisons sur lesquelles nous reviendrons dans un instant, qu'ils ont formellement indiquées, et que M. Carra de Vaux néglige complètement. Le véritable malentendu d'où cette discussion est née porte, à mon avis, non pas sur le sens du mot *falâcifa*, mais sur le sens du mot *scepticisme*. Si la question n'est pas encore tranchée, c'est surtout parce qu'elle n'a jamais été bien nettement posée. On tient pour ou contre le scepticisme d'El-Ghazâli, sans dire expressément si on prend le mot scepticisme dans un sens absolu ou dans un sens relatif. El-Ghazâli est-il sceptique? — Non, répond M. Carra de Vaux, attendu qu'il reconnaît à la raison une certaine valeur spéculative dans un certain domaine. — Oui, répondaient ses prédécesseurs, car il fixe des limites à la raison, et il a des tendances antirationalistes, des allures manifestement sceptiques. Les deux thèses peuvent se concilier : El-Ghazâli n'est pas sceptique au sens absolu du mot, à la façon de Pyrrhon ou de Carnéade; mais il est sceptique en un sens relatif : il est, dans une certaine mesure, antirationaliste.

Sceptique absolu, ou, comme il dit, *sophiste*, El-Ghazâli nous apprend, dans le premier chapitre de sa *Délivrance*, qu'il le fut en effet, mais pendant deux mois, pas davantage. Il nous fait un exposé très clair et très systématique des raisons qui l'avaient conduit au doute universel; et, chose remarquable, cet exposé coïncide point par point, y compris l'argument tiré du rêve, avec celui du doute méthodique de Descartes. Quoiqu'il existe de cet opuscule deux traductions françaises, dont la première, celle de Schmölders, re- monte à 1842[1], cette coïncidence au moins singulière n'a pas encore, que je sache, été signalée jusqu'à ce jour[2]. Mais El-Ghazâli ne s'attarda pas dans le scepticisme absolu, et il

1. Schmölders, *Essai sur les écoles philosophiques chez les Arabes*. Paris, 1842. La traduction de l'opus- cule est donnée au début du volume, et le texte arabe à la fin. — La seconde traduction, beaucoup plus exacte, est due à M. Barbier de Meynard. Elle porte le titre suivant : *Traduction nouvelle du traité de Ghazzali intitulé Le Préservatif de l'erreur et notices sur les extases (des Soufis)*, extrait du *Journal asiatique* (1877, 7e série, t. IX, p. 61). Imprimerie nationale, 1878. M. Barbier de Meynard rectifie en notes les principales incorrections du texte arabe édité par Schmölders.

2. Voir l'Appendice où nous donnons, en regard l'un de l'autre, le texte du *Discours de la Méthode* et une nouvelle traduction de ce passage d'El-Ghazâli.

4

passa sans transition au mysticisme : Dieu daigna bientôt, dit-il en effet, le guérir de cette *maladie* par une lumière qu'il lui jeta dans le cœur. C'est grâce à cette inspiration divine, et non par des raisonnements, qu'il recouvra pour toujours *la foi dans les principes de la raison.*

El-Ghazâli croit donc, d'une croyance qu'on peut appeler mystique, aux *principes premiers de la raison,* c'est-à-dire au principe d'identité et aux axiomes qui en découlent. Il doit reconnaître, par suite, à la raison, et il lui reconnaît, en effet, un domaine propre. Quel est au juste ce domaine, quelles en sont les limites, et dans quelle mesure la raison y demeure-t-elle souveraine? C'est une question assez délicate, dont l'examen ne saurait entrer dans le cadre étroit de cette leçon. Il nous suffira de montrer que si El-Ghazâli n'est pas demeuré sceptique dans le sens absolu du mot, il n'en a pas moins conservé des tendances sceptiques indéniables. Parmi

les preuves qu'en ont données les prédécesseurs de M. Carra de Vaux, l'une des plus
convaincantes est tirée d'un chapitre de la
Destruction dirigé contre le principe de causalité, contre l'idée de loi naturelle. Les
motékallemîn orthodoxes avaient emprunté
aux anciennes écoles grecques, pour les be-
soins de leur polémique, la théorie du vide
et des atomes. De même que l'espace, dans
cette théorie, est occupé par des atomes
que séparent des intervalles absolument vi-
des, de même le temps se compose de
petits moments indivisibles séparés par des
intervalles de repos. Dieu crée les atomes
et les accidents, et il les détruit aussi, à
mesure qu'il lui plaît. Comme un atome
ou un accident ne peut durer par lui-
même deux moments de suite, l'Univers ne
subsiste que par une création continuelle; ce
qui nous fait songer à Descartes. Pas de lois
dans la nature : tout dépend à chaque instant
de la volonté toujours libre du Dieu créateur.

Ce système, que les Arabes ont appelé très justement *système du déchirement de la nature*, n'était imaginé, on le voit, que pour fortifier contre la théorie péripatéticienne de l'éternité du monde le dogme de la création. El-Ghazâli, qui a lui-même critiqué l'hypothèse des atomes, ne s'embarrasse pas d'un pareil système. Il lui vient en aide cependant, dans le livre dont nous parlons, en instituant contre l'idée de loi et le principe de causalité, par conséquent contre toute science naturelle digne du nom de science, une critique magistrale que Hume n'aurait pas désavouée.

On doit reconnaître, avec M. Carra de Vaux, que certains historiens, Renan et Dugat par exemple, ont forcé la nuance du scepticisme d'El-Ghazâli. Il n'en reste pas moins qu'El-Ghazâli fut le plus sceptique, le moins rationaliste des grands philosophes musulmans. Il se consacra avec une ardeur extraordinaire à ruiner le rationalisme, représenté par l'école péripatéticienne d'El-Farâbi et d'Avicenne, et il s'acquitta de cette œuvre de *destruction* avec une vigueur sans égale.

Jamais encore parmi les orthodoxes n'avait surgi un dialecticien de cette trempe. Il donna la victoire aux Ach'arites. La philosophie ne s'en releva pas. Elle disparut du moins de l'Orient, pour émigrer à l'Occident de l'islam, où elle allait reprendre, dans des conditions plus favorables, la lutte contre l'ach'arisme, et briller d'un nouvel éclat pendant tout le cours du XIIe siècle.

*
* *

Ibn Bâdja est le premier philosophe péripatéticien digne de mention qui parut en Andalousie, autrement dit dans l'Espagne musulmane. Je ne parle pas d'Ibn Gabirol, l'Avicebron des scolastiques, qui était juif, et qui est demeuré entièrement inconnu des Arabes. Absorbé par les affaires de ce monde, enlevé par une mort prématurée, Ibn Bâdja n'avait guère écrit que de petits traités rédigés à la hâte, presque tous incomplets, et dont lui-même déclarait n'être pas satisfait. Nous connaissons surtout ses doctrines par une longue analyse de son principal ouvrage, demeuré inachevé, le *Régime du Solitaire*. Cette analyse est donnée dans le commentaire hébreu que Moïse de Narbonne a fait sur le roman d'Ibn Thofaïl. Le principal mérite d'Ibn Bâdja, c'est d'avoir réagi contre la tendance à la fois sceptique et mystique d'El-Ghazâli, et d'avoir défendu contre lui les droits de la science spéculative. Il suscita ainsi dans l'islam occidental un nouveau mouvement philosophique représenté par Ibn Thofaïl et surtout par Averroès. On le donne généralement comme le maître d'Ibn Thofaïl. Son maître, soit, mais au sens large ; car le prétendu élève, après avoir fait son éloge, déclare ne s'être jamais rencontré avec lui.

Nous arrivons à Ibn Thofaïl. C'était un homme remarquable à tous égards. Versé dans toutes les sciences de son époque, il était vizir et médecin des souverains almohades. Mon intention n'est pas ici de m'étendre longuement sur ce philosophe : nous aurons toute cette année pour l'étudier. Le but de cette première leçon est de le mettre dans son cadre, de marquer la place qu'il occupe dans ce long développement de la philosophie musulmane. Disons seulement qu'il apparaît comme le plus mystique des grands péripatéticiens maghrebins. Il proclame l'utilité de la science spéculative et des vertus pratiques, fidèle sur ce point à Ibn Bâdja ; mais en même temps il emprunte à El-Ghazâli et à Ibn Sînâ qu'il s'efforce, nous dit-il, de concilier, toutes les pratiques de l'ascétisme oriental, préparatoires de l'extase, les macérations, la longue immobilité des fakirs hindous, le tournoiement des derviches.

Je voudrais cependant vous dire un mot du seul ouvrage que nous ayons de lui : son curieux roman philosophique intitulé : *Histoire de Hayy ben Yaqdhân.* « De tous les monuments de la philosophie arabe, a dit Renan, c'est peut-être le seul qui puisse nous offrir plus qu'un intérêt historique[1]. » Ce roman, semblable à une adaptation philosophique et mystique des contes des Mille et une Nuits, est intéressant à plus d'un titre. C'est l'histoire d'un enfant né dans une île déserte de l'Inde située sous l'équateur, sans mère ni père, du sein de l'argile en fermentation. Voilà donc, pour commencer, la génération spontanée. Suivant une autre version, dit Ibn Thofaïl, il naît dans une île voisine, d'une princesse mariée secrètement, qui le confie aux flots dans un coffre soigneusement fermé ; et un courant le transporte en une nuit dans l'île dont nous avons parlé. C'est en somme l'histoire de Moïse. A partir de ce

1. Renan, *Averroès et l'averroïsme*, 3ᵉ édition, p. 99.

moment, les deux versions se confondent.
Une gazelle qui a perdu son faon accourt aux
cris du petit garçon, l'adopte, le nourrit de
son lait, et l'élève avec tendresse. Voilà maintenant l'histoire de Romulus et Rémus. Hayy
ben Yaqdhân, c'est le nom de cet enfant,
grandit, observe, réfléchit, fait preuve d'une
remarquable ingéniosité, trouve le moyen de
se vêtir, de se loger, plus tard même de do-
mestiquer, de dresser des animaux sauvages,
de s'entourer enfin d'un confortable relatif.
Et voilà, cinq cents ans avant Daniel de Foë,
un prototype de Robinson Crusoé. Mais sa
mère la gazelle est morte. Hayy affolé, vou-
lant la délivrer du mal qui la rend inerte, se
décide, par un raisonnement des plus curieux, à lui ouvrir la poitrine. Ce qu'il y cherche, en somme, c'est le siège de l'âme, principe de la vie. Ses efforts sont naturellement
impuissants ; mais le voilà en passe de devenir physiologiste, psychologue, métaphysi-
cien. Il observe encore, réfléchit, expéri-

mente, ouvre un animal vivant pour y
découvrir l'âme, et fait par conséquent ce que
nous appelons aujourd'hui de la vivisection.
Enfin, car il faut abréger, en dehors de tout
enseignement, de toute tradition, philosophe
autodidacte dans toute la force du terme, il
s'élève aux plus hautes vérités métaphysiques
et religieuses, à l'extase, à l'absorption en
Dieu. Car le système auquel il aboutit c'est,
je n'ai pas besoin de le dire, le péripatétisme
mystique de tous nos philosophes hellénisants. Puis un pieux personnage de l'île voisine, du nom d'Açâl, Vendredi de ce Robinson, vient chercher la retraite dans l'île ha-
bitée par Hayy ben Yaqdhân et se rencontre
avec lui. Il lui enseigne à parler, et trouve
avec étonnement dans le système philosophique de son compagnon une interprétation
transcendante de la religion que lui-même
professe, ainsi que de toutes les religions révélées. Il conduit Hayy dans l'île voisine, l'en-
gageant à répandre les hautes vérités qu'il a

découvertes. Mais cette tentative ne réussit pas. Hayy et Açâl sont obligés finalement de reconnaître que la vérité toute pure ne convient point au vulgaire, enchaîné dans la servitude des sens ; que pour pénétrer dans ces intelligences grossières, pour agir sur ces rebelles volontés, elle a besoin de s'envelopper des symboles qui constituent les religions révélées. Nos deux amis quittent donc à jamais ces pauvres gens, en leur recommandant d'observer fidèlement la religion de leur pères ; et ils retournent dans leur île déserte, vivre de cette vie supérieure et vraiment divine dont bien peu d'hommes ont le privilège. — J'ai passé, cela va sans dire, maints détails intéressants. Mais j'en ai dit assez, je crois, pour vous montrer combien l'étude d'un pareil ouvrage peut être attachante.

Ibn Rochd ou Averroès clôt la liste de ces philosophes péripatéticiens dont il est le plus illustre. Engagé par Ibn Thofaïl, sur un désir

exprimé par le souverain almohade Abou
Ya'qoûb Yoûçof, à commenter les ouvrages
d'Aristote, il écrivit ces fameux commentaires
qui devaient défrayer toute la seconde époque
de la scolastique européenne. Moins mystique
que ses prédécesseurs, il néglige quelque peu
la morale, et se livre tout entier à la spéculation. Il résume en lui, et développe avec une
ampleur magistrale tout ce que la philosophie
arabe a produit. Dans une revue aussi rapide,
je ne puis guère songer à analyser la doctrine
de ce philosophe qui nous intéresse moins
directement, puisqu'il est postérieur à Ibn
Thofaïl, et qu'en réalité il n'est pas plus
spécialement son disciple que celui de tous
les péripatéticiens antérieurs. Je vous ren-
voie donc à l'article de Munk dans ses *Mélanges de philosophie juive et arabe*, ainsi qu'à
la thèse de Renan sur *Averroès et l'averroïsme*.
Vous verrez dans ce dernier ouvrage, comment, par une singulière destinée, Averroès
devint après sa mort, aux yeux du moyen-

âge chrétien, le représentant attitré de la libre pensée et de l'incrédulité. Il avait été persécuté dans les derniers temps de sa vie par les musulmans orthodoxes.

*
* *

L'ach'arisme en effet, après avoir submergé l'Orient, couvrait à son tour l'Occident, étouffant toute velléité de libre pensée. Ce flot de fanatisme balaya de l'Espagne musulmane les Juifs qui s'y trouvaient en grand nombre. Ils vinrent échouer dans les villes du midi de la France, apportant avec eux, traduits en hébreu pour leur usage, ou simplement transcrits en lettres hébraïques, les écrits des principaux philosophes musulmans. Un grand nombre d'ouvrages dont les originaux arabes ont disparu, brûlés en monceaux par l'inquisition musulmane sur les places publiques de Séville, nous ont été conservés en substance grâce à ces traductions hébraïques. Déjà, en Espagne, une philosophie juive, qui n'était guère que le reflet et le prolongement de celle des Arabes, avait commencé de jeter un certain éclat. Sans doute Ibn Gabirol se rattache à la pure tradition juive plus étroitement qu'à celle d'Aristote ; mais il aboutit aux mêmes résultats que les péripatéticiens arabes. Les doctrines d'Aristote et celles de ses commentateurs arabes jouissaient chez les Juifs d'Espagne de la plus grande faveur. Le célèbre Maïmonide, de son vrai nom Moïse ben Maïmoûn, qui, chassé d'Espagne par les persécutions religieuses, dut se réfugier en Égypte, était, comme il nous l'apprend lui-même, élève d'un élève d'Ibn Bâdja. Il écrivit en arabe son fameux *Guide des égarés*, qui contribua puissamment à répandre chez ses [coreligionnaires les doctrines péripatéticiennes. A vrai dire, l'honneur d'avoir transmis à l'Europe les trésors de la philosophie arabe ne revient pas exclusivement aux Juifs. Dès le milieu du XIIe siècle, un Français, Raymond, archevêque de Tolède, faisait entreprendre sous sa direction plusieurs traductions d'ouvrages philosophiques de l'arabe en latin. La ville de Tolède fut pendant plus de deux siècles un véritable atelier de traduction. Néanmoins c'est surtout par les traductions des Juifs, traduites à leur tour en latin, que les ouvrages des philosophes arabes, et même en grande partie ceux d'Aristote, vinrent à la connaissance des chrétiens d'Europe.

*
* *

Dès lors, le cycle était achevé. La philoso-

phie musulmane ne succombait sous les persécutions du fanatisme, en Occident comme
en Orient, qu'après avoir rempli son rôle ;
rôle dont elle n'avait pas conscience, mais
qui apparaît bien nettement à nos yeux. Les
musulmans avaient reçu des mains défail-
lantes de la Grèce le précieux dépôt de la
philosophie hellénique. Ils l'avaient fait fruc-
tifier à leur manière. Le transportant à travers leur immense empire, par l'Égypte, le
Maroc, l'Espagne, ils l'avaient transmis aux
chrétiens d'Occident. Et tandis que le génie
de l'islam, après avoir accompli cette tâche,
rentrait dans le repos des sanctuaires et re-
nonçait pour toujours aux libres spéculations,
dans l'Occident chrétien les commentaires
d'Averroès, ravivant l'ardeur des discussions
scolastiques, préparaient les esprits au re-
nouveau de la Renaissance, et à la magni-
fique floraison de la philosophie moderne.

APPENDICE

EL-GHAZÁLI : *La délivrance de l'erreur,* page • du texte arabe édité par Schmŏlders.

. . . .

Je me dis d'abord : « *Le but de ma recherche n'est que la connaissance de la vérité* [ou essence] des choses : je dois donc chercher en quoi consiste essentiellement la connaissance véritable. » *Je reconnus alors que la science certaine est celle dans laquelle l'objet connu se révèle d'une manière telle qu'elle ne laisse aucun doute, qu'elle n'admette aucune possibilité d'erreur, de conjecture, et que l'esprit ne puisse parvenir à y supposer rien de tel. A la certitude la sécurité contre l'erreur doit être*

DESCARTES : *Discours de la Méthode*, 4ᵉ partie.

. . . .

J'avais dès longtemps remarqué que pour les mœurs il est quelquefois besoin de suivre des opinions qu'on sait être fort incertaines tout de même que si elles étaient indubitables; mais *pour ce qu'alors je désirais vaquer seulement à la recherche de la vérité, je pensai qu'il fallait* que je fisse tout le contraire, et *que je rejetasse comme absolument faux tout ce en quoi je pourrais imaginer le moindre doute*, afin de voir s'il ne resterait point après cela *quelque chose* en ma créance *qui fût entièrement indubitable.*

jointe, d'une union si étroite, que si, pour infir-
mer cette [certitude], quelqu'un changeait une
pierre en or ou un bâton en serpent, il n'en
résulterait pas un doute ni [la croyance à] la
possibilité [d'une erreur]. Quand je sais que dix
est plus grand que trois, si quelqu'un me di-
sait : « Non, c'est au contraire trois qui est plus
grand ; et pour preuve je vais changer ce bâton
en serpent », et qu'il opérât en effet ce change-
ment sous mes yeux, *je ne douterais pas pour cela*
de la connaissance que j'ai de la fausseté de son
assertion. Il éveillerait sans doute en moi de
l'étonnement au sujet de la façon dont il a pu
faire une pareille chose, mais *pas le moindre doute
au sujet de ce que je sais.*

Je reconnus alors que toute connaissance qui
ne se présenterait pas à moi avec ces caractères,
et dans laquelle je ne trouverais pas cette sorte
de certitude, ne méritait de ma part aucune confiance et ne pouvait me donner aucune sécurité ;
et toute connaissance qui ne donne pas la sécurité n'est pas une connaissance certaine.

SUR LES ARGUMENTS CAPTIEUX DES SOPHISTES ET LA NÉGATION DE TOUTE CONNAISSANCE.

J'examinai ensuite mes connaissances et je n'en trouvai aucune qui présentât ces caractères, à moins que telles ne fussent les données des sens et les vérités nécessaires. Alors je me dis : « Maintenant, en désespoir de cause, je n'ai quelque espérance d'obtenir des certitudes que de la part des connaissances évidentes, à savoir de la part des données sensibles et des vérités nécessaires. Je dois donc en éprouver d'abord la valeur, afin de savoir clairement si mon entière confiance dans les données sensibles et la sécurité contre l'erreur que me donnent les vérités nécessaires est du même genre que la sécurité que m'inspiraient auparavant les croyances fondées sur l'autorité et dont se contentent la plupart des hommes dans les choses spéculatives, ou si c'est une sécurité véritable, dans laquelle on puisse se reposer sans danger. »

Je me mis donc à examiner avec un soin extrême les données sensibles et les connaissances spéculatives, afin de voir s'il m'était possible de concevoir quelque

[Cf. Première méditation, *passim.*]

doute à leur sujet. Ce long examen me conduisit à ce résultat *que je ne devais pas me fier non plus aux données sensibles ; car je trouvais que j'y pouvais concevoir des doutes.* Je me disais : « Comment se fier aux données sensibles ? Le sens le plus puissant est la vue. Or, regardant l'ombre, ce sens la voit arrêtée, immobile, et déclare qu'elle est dépourvue de mouvement. Mais ensuite, par l'expérience, en revenant voir au bout d'un moment, on reconnaît qu'elle se déplace, non pas, il est vrai, par saccades, mais graduellement, insensiblement, si bien qu'elle n'est jamais en repos. Il regarde un astre et le voit petit comme un dînâr. Puis les preuves géométriques démontrent qu'il est plus grand que la terre. Ces choses et d'autres semblables parmi les données sensibles, affirmées par le jument des sens, sont démenties et convaincues de fausseté d'une manière irréfragable par le jugement de la raison.

Je me dis alors : « Les données des sens non plus ne méritent donc aucune confiance, et peut-être peut-on se fier seulement aux connaissances intellectuelles données par les principes primi-

Ainsi, à cause que nos sens nous trompent quelquefois, je voulus supposer qu'il n'y avait aucune
chose qui fût telle qu'ils nous la font imaginer; et

tifs, telles que : Dix est plus grand que trois ; on ne peut à la fois affirmer et nier une même chose ; une même chose ne peut être *survenue* (*hâdits*) et éternelle, inexistante et existante, nécessaire et impossible. « Mais, objectèrent les données sensibles, *qui t'assure qu'il n'en est pas de ta confiance aux connaissances intellectuelles comme de ta confiance aux données sensibles* ? Tu te fiais à nous : le jugement de la raison est survenu qui nous a démenties ; n'était le jugement de la raison, tu continuerais à croire en nous. Mais peut-être y a-t-il, au-delà de la perception rationnelle, un autre juge qui, s'il apparaissait, *démentirait la raison dans ses jugements,* de même que le jugement de la raison, apparaissant, a démenti la sensation dans ses jugements. De ce qu'un tel mode de perception n'apparaît point il n'en résulte pas qu'il soit impossible. »

Je demeurai quelque temps sans réponse. *Un argument tiré du rêve vint encore accroître mes doutes. « Ne vois-tu pas, me disais-je, que tu crois tes songes réels et incontestables et que tu ne doutes point d'eux tant que tu demeures dans cet état ? Puis, t'éveillant, tu reconnais que toutes ces apparences et*

parce qu'il y a des hommes qui se méprennent *en raisonnant*, même touchant les plus simples matières de géométrie, et y font des paralogismes, jugeant que j'étais sujet à faillir autant qu'aucun autre, *je rejetai comme fausses toutes les raisons que j'avais prises auparavant pour démonstrations*;

et enfin considérant que toutes les mêmes pensées que nous avons étant éveillés nous peuvent aussi venir quand nous dormons, sans qu'il y en ait aucune pour lors qui soit vraie, je me résolus de feindre

ces illusions n'ont ni fondement ni valeur. Qui te garantit donc l'existence de toutes les choses auxquelles tu crois dans l'état de veille, sur le témoignage des sens ou de la raison ? Elles sont vraies par rapport à ton état. Mais il se peut qu'un nouvel état s'offre à toi qui soit à ton état de veille ce que celui-ci est à ton rêve, en sorte que ton état de veille soit un rêve par rapport à lui. Parvenu à cet état, tu reconnaîtrais d'une manière certaine que toutes les conjectures de ta raison étaient de vaines illusions. Peut-être cet état est-il celui que les Soufis appellent leur « état d'extase », puisqu'ils prétendent qu'ils ont dans ces états[1], c'est-à-dire lorsque, absorbés en eux-mêmes, ils arrivent à être délivrés de leurs sens, des intuitions qui ne s'accordent pas avec ces perceptions de la raison[2]. Peut-être aussi cet état est-il la mort. Car le premier d'entre tous les prophètes

1. *Ahouâl.* Les Soufis distinguent plusieurs degrés successifs de l'extase, qu'ils appellent *ahouâl*, pluriel de *hâl* ou *hâla*, état.

2. Cf. notre édition du *Hayy ben Yaqdhân*, roman philosophique d'Ibn Thofaïl, avec traduction française, pages ٩٧ et ٩٨ du texte arabe, 94 et 95 de la traduction.

que toutes les choses qui m'étaient jamais entrées en
l'esprit n'étaient non plus vraies que les illusions de
nos songes.

(Que Dieu répande sur lui ses bénédictions et lui accorde le salut!) a dit : « Les hommes sont endormis, la mort est pour eux le réveil. » Peut-être la vie de ce monde n'est-elle qu'un songe par rapport à la vie future; peut-être, une fois mort, l'homme verra-t-il les choses tout autrement que maintenant; et on lui dira : « Nous avons écarté le voile qui couvrait tes yeux; ta vue est aujourd'hui perçante. »

Ces doutes m'étant venus à l'esprit et l'ayant envahi, j'en voulus trouver le remède. Mais en vain. Le remède à ce mal ne pouvait être qu'une preuve, et une preuve n'est possible que par un assemblage des vérités premières. Puisque ces dernières n'échappaient pas au doute, il devenait impossible d'établir une preuve. Cette crise fut grave et dura près de deux mois, pendant lesquels je suivais la doctrine des sophistes en mon for intérieur, non en parole et dans des discours. Enfin le Dieu Très-Haut me guérit de cette maladie, de cette infirmité; mon âme retrouva la santé et l'équilibre : les principes nécessaires de la raison m'apparurent de nouveau comme devant être acceptés avec confiance, en

[Cf. Première méditation : Des choses que l'on peut révoquer en doute. — ... « Auxquelles raisons je n'ai certes rien à répondre, mais enfin je suis contraint d'avouer qu'il n'y a rien de ce que je croyais autrefois être véritable dont je ne puisse en quelque façon douter.]

toute sécurité, avec toute certitude. Je dus ma
guérison non pas à un enchaînement de preuves,
à une suite de propositions, mais à une lumière
que Dieu jeta dans mon cœur, lumière qui est
la clef de la plupart des connaissances. Quiconque s'imagine que la vérité ne peut se révéler
que par des arguments restreint la miséricorde
immense de Dieu. On demandait à l'Envoyé de
Dieu (Que Dieu répande sur lui ses bénédictions
et lui accorde le salut !) ce que c'était qu' « ouvrir », et quel était le sens de ce mot dans cette
parole de Dieu, Puissant et Grand : « Quand
Dieu veut diriger quelqu'un, il *ouvre* son cœur à
l'islam [1] ». — « Il s'agit, répondit-il, d'une
lumière que Dieu jette dans le cœur. » — « Et
à quel signe, demanda-t-on, l'homme peut-il la
reconnaître ? » — « A son détachement de ce
monde d'illusion et au penchant qui l'entraîne
vers le séjour de l'éternité. » C'est aussi lui qui
a dit (Que Dieu répande sur lui ses bénédictions
et qu'il lui accorde le salut !) : « Dieu a créé les
êtres [raisonnables] dans les ténèbres; puis il a

1. *Qoran*, sourate VI, verset 125.

répandu sur eux sa lumière. » C'est à cette lumière qu'il faut demander la révélation de la vérité. Cette lumière est répandue par la libéralité
divine sur quelques-uns des vivants, et il faut en
épier l'apparition, selon cette parole du Prophète (Que Dieu répande sur lui ses bénédictions et lui accorde le salut!) : « Votre Seigneur
vous envoie à certains jours des effluves. Est-ce
que vous ne vous préparerez pas à les recevoir ? »

Le but de cet exposé anecdotique est de te
faire connaître tout le soin que j'ai apporté dans
mes recherches, allant jusqu'à chercher ce qui
ne doit pas être cherché. Des principes premiers
n'ont pas à être cherchés, car ils sont présents ;
et ce qui est présent devient, quand on le cherche, une chose perdue et cachée. Mais celui qui
cherche même ce qui ne doit pas être cherché
n'est pas suspect de négligence dans la recherche
de ce qui doit être cherché.

ERNEST LEROUX, ÉDITEUR

28, RUE BONAPARTE, 28.

BIBLIOTHÈQUE
ORIENTALE ELZÉVIRIENNE

I. — *Les Religieuses Bouddhistes*, depuis Sakya-Mouni jusqu'à nos jours, par Mary SUMMER. Introduction par Ph.-Ed. FOUCAUX. In-18.................................... 2 fr. 50

II. — *Histoire du Bouddha Sakya-Mouni*, depuis sa naissance jusqu'à sa mort, par Mary SUMMER. Préface par Ph.-Ed. FOUCAUX. In-18 .... 5 fr. »

III. — *Les Stances érotiques*, morales et religieuses de Bhartrihari, traduites du sanscrit par P. REGNAUD. In-18.... 2 fr. 50

IV. — *La Palestine inconnue*, par CLERMONT-GANNEAU, membre de l'Institut. In-18 .... 2 fr. 50

V. — *Les Plaisanteries de Nasr-Eddin-Hodja*. Traduit du turc par J.-A. DECOURDEMANCHE. In-18 .... 2 fr. 50

VI-IX. — *Le Chariot de terre cuite* (Mricchakatika), drame sanscrit du roi Çudraka. Traduit par P. REGNAUD, 4 volumes in-18 .... 10 fr. »

X. — *Iter Persicum* ou Description du voyage en Perse entrepris en 1602 par Etienne Kakasch de Zalonkemeny, ambassadeur de l'empereur Rodolphe II. Relation en allemand par Tectander von der Jabel. Traduction publiée par Ch. SCHEFER, de l'Institut. In-18, portrait et carte .... 5 fr. »

XI. — *Le chevalier Jean*, conte magyar, par Alexandre PETŒFI, traduit par A. DOZON, consul de France. In-18 . 2 fr. 50

XII. — *La Poésie en Perse*, par C. BARBIER DE MEYNARD, de l'Institut, professeur au Collège de France. In-18. 2 fr. 50

XIII. — *Voyage de Guillaume de Rubrouck en Orient*, publié en français et annoté par DE BACKER. In-18...... 5 fr. »

XIV. — *Malavika et Agnimitra*, drame sanscrit, traduit par Ph.-Ed. FOUCAUX, professeur au Collège de France. 2 fr. »

XV. — *L'Islamisme*, son institution, son état présent, son avenir, par le docteur Perron; publié et annoté par A. CLERC. In-18 .... 2 fr. 50

XVI. — *La piété filiale en Chine*, traduit du chinois par P. DABRY DE THIERSANT, consul de France. In-18, 25 gravures. 5 fr. »

XVII. — *Contes et légendes de l'Inde ancienne*, par Mary Summer. Introduction par Ph.-Ed. FOUCAUX. In-18...... 2 fr. 50

XVIII. — Γαλάτεια, Galatée, drame de Basiliadis, **texte grec** moderne, publié, traduit et annoté par le baron d'ESTOUR-NELLES. In-18 . . . . 5 fr. »

XIX. — *Théâtre Persan*, choix de téaziés, ou drames, traduits par A. CHODZKO, professeur au Collège de France. In-18.
5 fr. »

XX. — *Mille et un proverbes turcs*, recueillis, traduits et mis en ordre par J.-A. DECOURDEMANCHE. In-18 . . . . 2 fr. 50

XXI. — *Le Dhammapada*, traduit en français, par Fernand Hû; suivi du *Sûtra en 42 articles*, trad. du tibétain, par Léon FEER. In-18 . . . . 5 fr. »

XXII. — *Légendes et traditions historiques* de l'archipel Indien (Sedjarat Malayou), traduit du malais par L.-Marcel DEVIC. In-18 . . . . 2 fr. 50

XXIII. — *La puissance paternelle en Chine*, traduit sur les textes originaux par F. SCHERZER, interprète du gouvernement. In-18 . . . . 2 fr. 50

XXIV. — *Les Héroïnes de Kalidasa et celles de Shakespeare*, par Mary SUMMER. Introduction par Ph.-Ed. FOUCAUX. In-18.
2 fr. 50

XXV. — *Le Livre des femmes (Zenan-Namèh)*, de Fazil-Bey, traduit du turc par J.-A. DECOURDEMANCHE. In-18. 2 fr. 50

XXVI. — *Vikramorvaci*. Ourvâci donnée pour prix de l'héroïsme, drame sanscrit, traduit et annoté par Ph.-Ed. FOU-CAUX. In-18 . . . . 2 fr. 50

XXVII. — *Nagananda*. La joie des serpents, drame bouddhique, traduit et annoté par A. BERGAIGNE, de l'Institut. In-18 . . . . 2 fr. 50

XXVIII. — *La Bibliothèque du Palais de Ninive*, par J. MENANT, de l'Institut. In-18 . . . . 2 fr. 50

XXIX. — *Les Religions et les langues de l'Inde*, par R. CUST, traduction française. In-18 . . . . 2 fr. 50

XXX. — *La Poésie arabe anté-islamique*, par R. BASSET. In-18 . . . . 2 fr. 50

XXXI. — *Le Livre des Dames de la Perse (Kitabi Kulsum Nanèh)*, traduit par J. THONNELIER. In-18 . . . . 2 fr. 50

XXXII. — *Le Livre des Morts*. Traduction du rituel funéraire égyptien par Paul PIERRET, conservateur du Musée égyptien du Louvre. In-18 . . . . 10 fr. »

XXXIII. — *L'Encre de Chine*, son histoire, ses procédés de fabrication d'après les auteurs chinois, par Maurice JAMETEL. In-18, illustré de 22 gravures d'après les originaux. 5 fr. »

XXXIV. — *Le Koran*, sa poésie et ses lois, par STANLEY LANE POOLE. In-18 . . . . 2 fr. 50

XXXV. — *Fables turques*, recueillies et traduites par J.-A. De-
COURDEMANCHE. In-18................................. 5 fr. »

XXXVI. — *La Civilisation japonaise*, par Léon DE ROSNY.
In-18... 5 fr. »

XXXVII. — *La Civilisation musulmane*, par Stanislas GUYARD,
professeur au Collège de France. In-18........ 2 fr. 50

XXXVIII. — *Voyage en Espagne* d'un ambassadeur marocain
(1690-1691), traduit de l'arabe par H. SAUVAIRE, consul de
France. In-18....................................... 5 fr. »

XXXIX. — *Les Langues d'Afrique*, par Robert CUST, traduit par
L. DE MILLOUÉ. In-18.............................. 2 fr. 50

XL. — *Les Fraudes archéologiques en Palestine*, suivies de quelques monuments phéniciens apocryphes, par Ch. CLER-
MONT-GANNEAU, de l'Institut. In-18, illustré de 32 gravures... 5 fr. »

XLI. — *Les Langues perdues de la Perse et de l'Assyrie*, par
J. MENANT, de l'Institut. — I. Perse. In-18.... 5 fr. »

XLII. — *Madhava et Malati*, drame sanscrit de Bavabhouti,
traduit du sanscrit et du pracrit par STREHLY, avec une
préface par BERGAIGNE, de l'Institut. In-18..... 2 fr. 50

XLIII. — *Le Mahdi*, depuis les origines de l'Islam jusqu'à nos
jours, par James DARMESTETER, professeur au Collège de
France. In-18 .... 2 fr. 50

XLIV. — *Coup d'œil sur l'histoire de la Perse*, par James DAR-
MESTETER, professeur au Collège de France. In-18. 2 fr. 50

XLV. — *Trois nouvelles chinoises*, traduites par le marquis
D'HERVEY DE SAINT-DENYS, de l'Institut. In-18.. 5 fr. »

XLVI. — *La Poésie chinoise*, du XIVᵉ au XIXᵉ siècle. Extraits des
poètes chinois, traduits par IMBAULT-HUART. In-18. 2 fr. 50

XLVII. — *La Science des Religions et l'Islamisme*, par Hart-
wig DERENBOURG, membre de l'Institut, professeur à l'École
des Langues. In-18................................. 2 fr. 50

XLVIII. — *Le Cabous Nameh*, ou le Livre de Cabous, fils de
Cabous Onsor el-Moali, souverain du Djordjan et du Guilan.
Traduit et annoté par A. QUERRY, consul de France. Fort
volume in-18....................................... 7 fr. 50

XLIX. — *Les Peuples orientaux*, connus des anciens Chinois,
par L. DE ROSNY. In-18, illustré................. 5 fr. »

L. — *Les Langues perdues de la Perse et de l'Assyrie*, par J. ME-
NANT, de l'Institut. II. Assyrie. In-18.......... 5 fr. »

LI. — *Un Mariage impérial chinois*. Cérémonial, traduit par
G. DEVÉRIA, de l'Institut. In-18, illustré ..... 5 fr. »

LII. — *Les Confréries musulmanes du Hedjaz*, par A. LE CHA-
TELIER. In-18...................................... 5 fr. »

6

LIII. — *Les Origines de la Poésie persane*, par J. DARMESTETER, professeur au Collège de France. In-18........ 2 fr. 50

LIV. — *Arda Viraf Namak*, ou livre d'Ardâ Viraf, traduit par M. BARTHÉLEMY, vice-consul de France. In-18. 5 fr. »

LV. — *Deux Comédies turques*, de Mirza Feth Ali Akhond Zadé, traduites par M. CILLIÈRE. — I. Le Vizir de Lenkeran. — II. Les Procureurs. In-18.............. 5 fr. »

LVI. — *Les Langues et les Races de l'Océanie*, par Rob. Cust. Traduction par A. PINART. In-18, carte........ 2 fr. 50

LVII. — *Les Femmes dans l'Epopée iranienne*, par le baron A. D'AVRIL. In-18..................... 2 fr. 50

LVIII. — *Priyadarsika*, pièce attribuée au roi Sriharchadéva, en quatre actes, traduite du sanscrit par G. STREHLY, In-18....................... 2 fr. 50

LIX. — *L'Islam au XIX⁰ siècle*, par A. LE CHATELIER. In-18,...................... 2 fr. 50

LX. — *Kia Li.* Manuel des rites domestiques chinois du philosophe Tchou-hi. Traduit par C. DE HARLEZ. In-18. 2 fr. 50

LXI. — *Catéchisme bouddhique,* ou introduction à la doctrine du Bouddha Gôtama, par SOUBHADRA BHIKSHOU, traduit en français. In-18 .... 2 fr. 50

LXII. — *La Femme persane,* jugée et critiquée par un Persan. Traduction annotée du *Téédib-el-Nisvan,* par G. AUDIBERT, consul de France. In-18................. 2 fr. 50

LXIII. — *Le Théâtre japonais,* par A. LEQUEUX, consul de France. In-18....................... 2 fr. 50

LXIV. — *La Religion de Bab,* réformateur persan du XIXᵉ siècle, par C. HUART, consul de France. In-18........ 2 fr. 50

LXV. — *Les Antiquités sémitiques,* par CH. CLERMONT-GANNEAU, de l'Institut. In-18.................... 2 fr. 50

LXVI. — *Un Diplomate ottoman* en 1836. Affaire Churchill, par AKIF-PACHA. Traduit du turc par A. ALRIC. In-18. 2 fr. 50

LXVII. — *L'Origine des Aryens,* par S. REINACH, de l'Institut. In-18....................... 2 fr. 50

LXVIII. — *Le Bouddhisme éclectique,* par LÉON DE ROSNY. In-18....................... 2 fr. 50

LXIX. — *La Bordah du cheikh-el-Bousiri,* poème en l'honneur de Mohammed, trad. et annoté par RENÉ BASSET. In-18. 5 fr. »

LXX. — *Petit traicté de Théodore Spandouyn Cantacusin,* patrice de Constantinople, de l'origine des princes des Turcqz, ordre de leur cour, et coustumes de la nation et de leur pays, avecque la prise de Constantinoble. Celuy traicté traduyt de italien en françoys, par de Raconis. Publié par CH. SCHEFER, de l'Institut. In-18, 8 planches.............. 5 fr. »

LXXI. — *Code civil et pénal du Judaïsme*, traduit sur l'original chaldéo-rabbinique, par JEAN DE PAVLY. In-18.   5 fr.   »

LXXII. — *Les ruses des femmes (Mikri-Zenan)* et Extrait du Plaisir après la peine (*Feredj-Bad Chiddeh*). Traduit du turc, par J.-A. DECOURDEMANCHE. In-18 ....   5 fr.   »

LXXIII. — *Quelques Odes de Hafiz*, traduites pour la première fois en français, par A. L. M. NICOLAS. In-18...   2 fr. 50

LXXIV. — *Le Miroir de l'Avenir*. Recueil de sept traités de divination, traduits du turc par J.-A. Decourdemanche. Les sorts. — Les blessures. — Les jours. — Les heures. — L'influence zodiacale. — La physionomie. — Les prénoms. In-18...   2 fr. 50

LXXV. — *La Philosophie musulmane*, par LÉON GAUTHIER. In-18..   2 fr. 50

COLLECTION ERNEST LEROUX

Le Boustan, de Sadi, poème persan, traduit pour la première fois en français, par A.-C. BARBIER DE MEYNARD, de l'Institut. In-18, elzévirien, de luxe, encadrements rouges à chaque page...   10 fr.   »

BIBLIOTHÈQUE GRECQUE ELZÉVIRIENNE

Valaoritis. Poèmes patriotiques traduits par J. BLANCARD et le marquis DE QUEUX DE SAINT-HILAIRE. In-18....   5 fr.   »

Terzetti. La Grèce ancienne et moderne, considérée sous l'aspect religieux. In-18...............................   2 fr. 50

Pharmacopoulos (P.). La Grèce et l'Occident. L'Indépendance des Hellènes. Discours sur la Grèce, en grec et en français. In-18...   5 fr.   »

Basiliadis. Galathée, drame grec avec traduction française, par le baron d'ESTOURNELLES DE CONSTANT. In-18..   5 fr.   »

Valaoritis. Athanase Diakos. — Phrosine. — Poèmes traduits en français, par J. BLANCARD et le marquis DE QUEUX DE SAINT-HILAIRE. In-18........................   5 fr.   »

Metaxas (Constantin). Souvenirs de la guerre de l'Indépendance de la Grèce, traduits du grec par J. BLANCARD. In-18...   5 fr.   »

Vlasto (E). Les Giustiniani, dynastes de Chio, traduit de l'allemand, par Karl HOPF. In-18 ....   2 fr. 50

BIBLIOTHÈQUE SLAVE ELZÉVIRIENNE

I. — *Religion et mœurs des Russes*, anecdotes inédites recueillies par le comte J. de MAISTRE et le P. GRIVEL, publiées par le P. GAGARIN. In-18 . . . . 2 fr. 50

II. — *La mort d'Ivan le Terrible*, drame du comte TOLSTOI, traduit du russe par COURRIÈRE, IZAMBARD et DEMÉNY. In-18 . . . . 2 fr. 50

III. — *La Sorbonne et la Russie* (1717-1747), par le P. PIERLING. In-18 . . . . 2 fr. 50

IV. — *Ant. Possevini missio Moscovitica*, ex annuis litteris Societatis Jesu excerpta et adnotationibus illustrata, curante P. PIERLING. In-18 . . . . 2 fr. 50

V. — *Rome et Moscou* (1547-1579), par le P. PIERLING. In-18 . . . . 2 fr. 50

VI. — *Un Nonce du pape en Moscovie*. Préliminaires de la trêve de 1582, par le P. PIERLING. In-18 . . . . 2 fr. 50

VII. — *Le Saint-Siège, la Pologne et Moscou* (1582-1587), par le P. PIERLING. In-18 . . . . 2 fr. 50

VIII. — *Saint Cyrille et saint Méthode*. Première lutte des Allemands contre les Slaves, par le baron A. d'AVRIL. In-18. 5 fr. »

IX. — *La Russie et l'Orient*. Mariage d'un Tsar au Vatican. Ivan III et Sophie Paléologue, par le P. PIERLING. In-18. 2 fr. 50

X. — *L'Italie et la Russie au XVIᵉ siècle*, par le P. PIERLING. In-18 . . . . 2 fr. 50
Voyages de Paoletto Centurione à Moscou, Dmitri Guérasimov à Rome, G. Fr. Citus à Moscou.

XI. — *Un grand poète russe*. Alexandre POUCHKINE, d'après des documents nouveaux, par J. FLACH, professeur au Collège de France. In-18 . . . . 1 fr. 50

XII. — *Les Bulgares*, par le baron A. d'AVRIL. In-18. 1 fr. 50

XIII. — *Slavy Dcéra*. Recueil de poésies slaves traduites en français par le baron A. d'AVRIL. In-18 planches . . . . 3 fr. »

XIV. — *Correspondance* de S. M. l'Impératrice Marie FÉODOROVNA et de Mˡˡᵉ de NÉLIDOFF. Publiée par la princesse Lise TROUBETZKOI. In-18, portraits . . . . 5 fr. »

ANGERS, IMPRIMERIE ORIENTALE A. BURDIN ET Cⁱᵉ,

www.ingramcontent.com/pod-product-compliance
Lightning Source LLC
LaVergne TN
LVHW061220060426
835508LV00014B/1374